Soha Badran

La Rose des poètes

Soha Badran

La Rose des poètes

Recueil de poèmes

Éditions Muse

Imprint

Cover image: www.ingimage.com

Publisher:
Éditions Muse
is a trademark of
International Book Market Service Ltd., member of OmniScriptum Publishing Group
17 Meldrum Street, Beau Bassin 71504, Mauritius
Printed at: see last page
ISBN: 978-620-2-29693-9

La Rose des Poètes

Soha Badran

La Rose des poètes

Table des titres

37. Ensorcelante
38. Naissance d'une nymphe
39. Le Phoenix
40. Anna Karénine
41. Loup
42. Rébellion
43. Un cheval nommé Glenn
44. La bulle magique
45. Hymne à la Nature
46. Jeanne
47. La noblesse du Celte
48. Mon Auvergne
49. Eugénie Grandet
50. Le centaure ailé
51. Le dragon celtique
52. Éternel Versailles

01

LA ROSE DES POÈTES

Toi, rose des jardins perdus, d'un rouge écarlate tel du sang coulant sur la neige
Tu es née dans un écrin de jade et de cristal
Tel un diamant brut, tu brilles au soleil de mille feux
Tu embaumes l'air des soirs d'hiver où l'on erre dans les allées d'un jardin céleste
Des fées viennent se reposer sur tes pétales de velours la nuit
Savourant la rosée du matin

Toi, la rose rouge, tu sembles venir d'un monde où les femmes se parfument de fleurs d'oranger
Pour oser te sentir et te toucher
Chaque jour, une déesse en transe se maquille délicatement les joues d'un rose divin
Pour venir s'occuper de toi

Toi la rose rouge, tu grandis et t'épanouis là où l'astre flamboie
Et où la lune se reflète dans le brouillard
Mais qui oserait te cueillir,
Toi, la rose des poètes, des amoureux et des rêveurs ?

02

RENAISSANCE

Un cobra noir maléfique me mord férocement
Laissant son venin fulgurant m'envahir, me détruire
J'erre seule, hantée par mon destin, dans les limbes brumeux et silencieux
Une mélancolie pernicieuse me ronge sans répit telle une sorcière déchaînée

Prisonnière d'une glace corrosive
Mon cœur déserté par l'espoir saigne sans relâche
L' effroi du vide s'empare de mon être ravagé
Déposant sur mes yeux un bandeau de soie
J'abandonne alors la bataille contre les démons qui m'assaillent
M'évanouissant dans une nuit incertaine

Comme une funambule, je marche sur un fil fragile séparant deux mondes
J'observe dans l'un une stèle de marbre froid recouverte d'une neige duveteuse me promettre le repos éternel
Dans l'autre, au beau milieu d'une prairie peuplée de fleurs sauvages pétulantes
J'aperçois une licorne m'invitant à la rejoindre

Je jette un dernier regard sur la tombe qui m'était destinée
Et m'avance vers ce cheval féerique
Caressant sa robe blanche avec douceur
Je peux lire dans son âme une bienveillance sincère
Un sourire se dessine alors sur mes lèvres
J'ai choisi la vie

03

LA REINE GUERRIÈRE

Toi, Boadicée, reine celte à l'honneur mutilé par tes ennemis
Tu puises ta force dans ton désir de vengeance et de revanche
Prête à te sacrifier pour rendre à ton peuple outragé sa dignité, sa fierté
Jamais tu n'accepteras les compromis vains de l'envahisseur

Les plus braves guerriers réunis sous ta bannière
Se préparent à lutter jusqu'à la mort
À l'aube de la bataille décisive
Toi, la révoltée, l'insoumise
Tu peins ton visage de bleu, fébrile et impatiente
Dans tes yeux cristallins brille une flamme ardente, impitoyable

Sortant ton épée meurtrière de son fourreau
Tu te lances avec fureur dans un ultime combat désespéré
Pour défendre ton bien le plus précieux
Ta liberté

04

LA PASSION D'ÉCRIRE

Écrire, c'est vibrer, l'âme traversée par la foudre
C'est s'émouvoir devant la puissance de l'amour
Écrire, c'est faire danser les mots et les mener dans une valse magique
C'est donner vie à ses rêves et ses espoirs les plus fous

Écrire, c'est s'émerveiller devant la beauté d'une licorne enchanteresse
C'est admirer le crépuscule mourant se fondre dans l'horizon
Écrire, c'est pénétrer dans un univers plein de splendeurs et de mystères
C'est contempler un clair de lune épanoui et triomphant

Écrire, c'est s'abandonner et laisser parler son cœur
C'est ressentir l'émoi du premier baiser
Écrire, c'est apercevoir de fragiles flocons de neige tomber sur les roses en fleur
Écrire, c'est goûter à la pureté et à la douceur de la liberté

05

ESPÉRANCE

Quand la rose s'éteindra, tu t'en iras
Tu t'en iras vers les volcans de l'éternité
Vers l'obscure contrée des elfes noirs
Tu boiras le nectar sacré des antiques sources gelées

Quand la rose fanera, tu t'en iras
Tu graviras les montagnes éthérées
La mélodieuse harmonie des harpes venues d'un autre monde
Guidera tes pas vers le ruisseau du mystère

Quand la rose mourra, tu t'en iras
Tu recueilleras ses pétales rouges pour te faire une couronne digne d'une reine
Tu découvriras l'impalpable beauté de la voie lactée
Et la clémence radieuse d'un esprit loyal et pur
Des fées vêtues de cristaux d'améthyste t'inviteront à danser jusqu'à l'aube
Mais quand la rose renaîtra, tu reviendras

06

ODE A LA MAGIE

Une inconnue aux yeux de chat joue du violon, imprégnant la nature d'une mélodie céleste

Enivrés par ce chant délicieux, des Korrigans espiègles et malicieux dansent et batifolent à travers la lande
Réfugié dans ses pensées, un elfe dont la beauté ferai pâlir Apollon
Tisse une robe faite de gouttes de rosée et du bruissement des ailes d'un papillon

S'envolant dans l'immensité de la nuit
Un cheval ailé à la crinière de feu défie la lune, la tourmente
Une séduisante et ténébreuse sorcière jette un sort à ses roses
Rendant leurs parfums aphrodisiaques, fatals

La magie, insaisissable et souveraine
Se fraye un chemin jusqu'à notre inconscient
Se logeant dans le cœur de ceux dont l'âme d'enfant résiste aux assauts du réel
Leur offrant sa part d'ombre et de lumière

07

UNE LUEUR D'ESPOIR

Inconsciente, plongée dans les ténèbres glacées d'un autre monde
Mon corps lutte tel un dragon enragé et féroce
Mon esprit demeure prisonnier d'une brume aveuglante
M'empêchant de retrouver le chemin de la vie

Deux anges gardiens dévastés mais d'un courage infaillible veillent sur moi
Le regard pur et fascinant d un loup me guide, pas à pas, vers la lumière
Lorsque mes yeux s'ouvrent enfin, mes chers anges posent leurs mains sur la mienne
Leurs visages illuminés par ce miracle inespéré
Leurs sourires, tels les rayons du soleil, réchauffent mon cœur meurtri

Ils m'ont sauvée alors que je me trouvais aux portes de la mort
Je leur vouerai pour toujours un amour profond et sans limite
Une lueur d'espoir naissante prend racine en moi
Et ses fleurs magiques me mènent sur le sentier du bonheur

08

LE SERMENT

Des larmes enflammées jaillissent de tes prunelles bleu glacier
Tu scrutes intensément l'horizon où se meurt avec délice un soleil rougeoyant
Le ciel s'embrase, se revêtant d'un vermeil divin et d'une fine poudre d'or
Ton cœur bat la chamade devant le spectacle éblouissant d'une nature puissante, souveraine

Laisse-toi entraîner par la fraîcheur de la rivière bienfaitrice connue de toi seule
Parles aux animaux sauvages dans cette langue mystique, impénétrable
Caresse délicatement la fourrure de ce sphinx solitaire si dévoué
Imprègne-toi de sa force et de son énergie vitale
Aventure-toi dans cette vaste forêt d'émeraude afin qu'elle te révèle tous ses secrets

Préserve ta précieuse et rare innocence
Car elle demeurera à jamais ton plus beau joyau

09

NEIGE

Cette nuit l'air est fébrile, insaisissable
Alors que la nature endormie s'apaise
Orphée transperce de sa flèche d'or le ciel ténébreux de l'hiver
Lui offrant ainsi l'éclat d'une parure stellaire scintillante

Je ressens la tension extrême qui règne dans l'univers
C'est une nuit de neige
Une neige étrange, provocante
Qui sublime le paysage de sa magie glaciale

Mon cœur s'emballe sous l'emprise du merveilleux sortilège de cette invitée marmoréenne
Je tremble, ivre d'irréel
Devant ce spectacle d'une foudroyante pureté, d'une élégance spectrale
Des tourbillons d'une exquise blancheur illuminent la plaine
Et les arbres en feu de lumière admirent l'aurore naissante

J'OUVRE UN LIVRE...

J'ouvre un livre et découvre un univers merveilleux et fascinant

Un univers où le Roi Soleil danse avec allégresse une sarabande

La mélancolie mortelle d'Anna Karénine me frappe avec une extrême violence

Un univers où j'ai le privilège de danser avec les loups sans entraves

Et où un D'Artagnan intrépide et chevaleresque galope à toute allure à mes côtés

Un univers où un cow-boy mystérieux murmure à l'oreille des chevaux des rêves inavoués

J'y rencontre une Madame Bovary torturée, s'abandonnant sans remords à son amant

Un univers où Jane Eyre doit se battre sans faillir pour forger son destin

J'y retrouve l'épouse transie d'amour d'un pêcheur d'Islande disparu en mer

Un univers où Scarlett O'Hara, indépendante,fière, lutte avec un courage sans égal pour préserver sa terre, Tara

Jamais je ne fermerai ce livre, transportée par ses pages sublimes qui, telles des pépites d'or, Illuminent mes yeux et mon âme

11

NOIR ÉBÈNE

Toi, l'étalon noir, tu brilles dans la nuit
Ta robe a ces reflets bleutés des matins d'hiver
Ta longue crinière de gitane semble flotter dans un océan de rêves
Tes yeux de feu demeurent fiers et impétueux

Lorsque tes sabots foulent la terre, je m'envole parmi les étoiles
Je chevauche mon étalon noir pour ressentir la violente passion de la vie
Je suis seule ce soir et pourtant tu es là
Astre brûlant dans le firmament

Toi seul, cheval des ténèbres, connaît mes espoirs et mes craintes
Je chevauche mon étalon noir qui s'enflamme dans le ciel

Cheval de mon cœur, tu danses et te cabres sous la lune argentée
Arborant la beauté d'une femme éthiopienne
Galopant furieusement, suivant tes instincts sauvages
Ton sang bouillonnant dans tes veines

Indomptable, toi l'étalon noir
Que le bruit de tes pas soit égal au tonnerre le plus menaçant
Que ta fougue délirante déferle sur ces espaces vierges à conquérir
Il y a toujours un cheval qui galope dans mon âme

ÉVANESCENCE

Par la fenêtre, je vois se lever l'aube
L'horizon scintille de pourpre tel un rubis
Annonçant majestueusement la venue de l'aurore
La lune de marbre s'endort lentement
Laissant place à un soleil toujours plus flamboyant

Mais quand la nuit glacée revient soudain
Et qu'une douce voie lactée apparaît
J'aperçois mille astres en feu

Des météores jaillissent dans le ciel en folie
Les nuages s'effacent au sommet des montagnes
Une pluie de camélias tombe sur la plaine, embaumant l'air d'une divine manière

Dans cette contrée où les fleurs chuchotent au vent de parfumer les jardins éternels
Les chrysanthèmes accueillent avec tendresse des êtres évanescents
Le givre recouvre les feuilles couleur carmin

Les fées volent et butinent, mutines, épanouies
Elles s'introduisent discrètement dans les chaumières
Murmurant dans une langue inconnue
Les secrets de la nature

LOIN D'ICI

Ton cheval, qui te connaît si bien, t'attend
Fidèle et impatient
Tu lui murmures quelques mots
Et vous voici tout les deux lancés vers l'inconnu

Toi, la fugitive, l'exilée
Tu n'emportes, dans ta quête de liberté
Que tes plus profondes blessures
Tu t'enfuis vers un ailleurs incertain
Rempli de promesses et d'espoir

Tu galopes furieusement sans jamais te retourner
Ni le vent, ni le froid glacial qui te fouettent le visage ne peuvent te faire renoncer
Jamais plus tu ne céderas
Jamais plus tu ne reviendras

Renaître et revivre, loin d'ici
Rebelle tu es, rebelle tu resteras
Telle une amazone,
Tu chevauches vers ta destinée

INNOCENCE PERDUE

Il y a tes yeux couleur d'or qui m'ensorcellent
Il y a ces gens qui passent et me dévisagent
Il a moi qui les observent dans un demi sommeil
Il y a ta fourrure d'ange qui m'enveloppe telle une cape magique

Il y a mes appels qui s'envolent vers ta liberté
Il y a cette paix qui s'accorde si bien avec éphémère
Il y a un espoir fantôme qui nous frôle sans cesse
Il y a cette neige où j'aimerais m'endormir et me laisser mourir

Il y a mon cœur qui se confond avec le tien
Il y a ton âme qui défie les distances tel un oiseau sauvage
Il y a ton chant lunaire qui me berce à l infini
Il y a ta vie qui se mêle au pays des rêves
Il y a ma vie qui se voudrait être la tienne

MONDE PARALLÈLE

Je viens d'un monde différent
Un monde où des fées phosphorescentes déambulent entre les feuilles vermeilles des érables pendant l automne
Un monde où le ciel est d'un majestueux bleu noir
Et où les tourments et les espérances se font écho

Dans ce monde, les jeunes filles mettent des roses dans leurs cheveux pour célébrer le printemps
Dansant pieds nus sur des nénuphars en fleur
Un monde où une licorne attend patiemment un être éperdu de beauté
Un monde épris de poésie

Un monde où des chevaux sauvages laissent dans leurs sillages une nuée d'étincelles
Je viens d'un monde où l'on rêve éveillé
Et où l'on respire la liberté

LA MAJESTÉ DE l'HIVER

La magie hivernale déploie ses ailes sur la forêt profonde et sans fin
Adossé à un chêne centenaire
Un vieil enchanteur attend son amour perdu depuis longtemps

Une jeune biche laisse ses empreintes délicates dans la neige fraîche et moelleuse
La fureur d'un torrent de diamants déchire les ténèbres
Des flocons de dentelle tourbillonnent et valsent au gré du vent
Des fées dansent avec délice sur la rivière gelée

La nature étend son aura bleutée et captivante
Invitant le regard à découvrir ses secrets
Cette nuit, la forêt est reine

CHAT DES TÉNÈBRES

Son pelage noir se fond dans l'obscurité la plus complète
De ses prunelles abyssales jaillit une lumière nacrée et obsédante
Ceux qui osent croiser son regard demeurent pétrifiés, subjugués

Telle une panthère, il se meut avec noblesse et dignité
Lorsque son courroux éclate
Des éclairs zèbrent le ciel métamorphosé

Afin d'apaiser son capricieux félin
Sa maîtresse lui chuchote une douce incantation
Alors le chat sorcier s'endort sur les genoux de sa complice
Plongeant dans un univers impénétrable
Dont nul ne possède la clé

MUSTANG

Ton regard est rempli d'amertume, de regrets glacés
Ton cœur aspire à un ailleurs épique lointain
Les grandes plaines t'offrent leur silence, leur beauté
L'océan, déchaîné, se fracasse contre les falaises abruptes et millénaires

L'écho de tes rêves, tel l'encens, envoûte et sublime l'église délaissée
Un feu pur et torride incendie ton âme d'éternel rêveur
Tel un mustang sauvage, tu refuses de te soumettre et d'abdiquer
Une sylphide solitaire veille sur toi avec la tendresse infinie d'une mère

L' aigle royal s'élance dans le ciel limpide
Vers des mondes inconnus et légendaires
Emportant avec lui tes désirs les plus profonds

ESMÉRALDA

Toi, Esméralda, la beauté faite femme
Danse et déploie tes charmes avec frénésie telle une diablesse
Un doux délire s'empare de toi lorsque tu aperçois le beau Phoebus
Prête à tous les sacrifices pour le conquérir
Mais ce fier et lâche capitaine se joue de toi et de ton amour
Car seul le désir le pousse à t'approcher

Frollo, ensorcelé par tes yeux noirs de gitane
Se perd, se consume dans le brasier de sa passion
Son âme, tourmentée par les flammes de l'enfer
Le mène à une folie destructrice et démoniaque

Quasimodo, l'exclu, le paria
À qui tu as dévoilé ta bonté
S'éprend de toi, la bohémienne intrigante et pourchassée
Désirant humblement te sauver des griffes de son maître

Au seuil de la mort, tu croises le regard vide et fuyant de l'être aimé
Qui se détourne et disparaît
L'espoir déserte pour toujours ton cœur
Les cloches de Notre Dame sonnent l'heure tant redoutée
Le bourreau accomplit son œuvre funeste

Tu pénètres alors, plus belle que jamais
Dans un monde étincelant et immuable
Entrant ainsi dans la légende

LE CHEVAL FÉE

Je laisse ma main glisser sur chaque parcelle de ton corps
Sentant ta peau frémir sous mes caresses que tu aimes tant
Nous sommes en osmose complète, nos cœurs battant à l'unisson

L'éclat du soleil ravive ta robe alezane et lui donne de subtils reflets ambrés, telle une pierre précieuse
Tes allures élégantes et parfaites dévoilent une grâce irrésistible
Lorsque ton galop surnaturel m'emporte,
je m'évade et respire l'air du paradis, transcendée par le bonheur

Je ne me lasse jamais de t'admirer, toi mon cheval de contes de fées
Tel un ange gardien, tu m'offres ta confiance et une amitié unique
Mon cher Bucéphale, je te confie toutes mes espérances
Car seul le magicien que tu es peut les comprendre

FENRIR, UN LOUP LÉGENDAIRE

Fenrir, le loup géant
Prisonnier par la ruse des dieux
Pleure en silence, maudissant son destin
Ses yeux reflètent la haine et la rage
Envahi par une fureur brûlante, ravageuse
Déployant toute sa force, toute son énergie
Il arrache ses liens millénaires et cruels

Pour clamer sa joie
Il pousse un hurlement lugubre, terrifiant
Résonnant jusqu'aux confins de l'univers
Goûtant à sa liberté nouvelle
Le loup parcourt les terres enneigées et désertes sous le ciel étoilé
Grisé par l'air glacial
Préparant secrètement sa vengeance
Il attend patiemment la venue de l'aurore

Lorsque le soleil vénéré se lève, inconscient de son sort
Fenrir bondit vers lui et le dévore
Accomplissant ainsi la terrible prédiction
Plongeant le monde dans les ténèbres angoissantes et sans fin
Laissant seulement aux hommes l'espoir,
Qu'un jour, l'astre de la vie reviendra

AMOUR PERDU

Mon aimé s'en est allé, au-delà des mers et des montagnes
Possédé par la fièvre de l'aventure
Vers ce nouveau monde exaltant auréolé de légendes

Jamais plus je ne pourrai me perdre dans ses yeux couleur océan
Ni caresser sa chevelure soyeuse, plus noire que les ailes d'un corbeau
Jamais plus je ne tressaillirai sous ses baisers
Et ne sentirai sa main si douce effleurer mon visage

Mon cœur restera sien, mutilé par son absence
La blessure ne cicatrisera jamais
Mes sanglots m'empêchent de respirer
Tant mon chagrin est brutal, acéré
Désormais, seule la solitude sera la confidente de mon désespoir

Cet amour m'a transformée, s'ancrant au plus profond de mon être
Je l'attendrai jusqu'à mon dernier souffle

LE DÉPOSSÉDÉ

J'aimais tant me promener dans notre verger
Et sentir la fragrance sucrée et fraîche des orangers
Je chérissais passionnément les oliviers centenaires à l'allure fière, combative

La clé de ma maison natale ne m'a jamais quitté
Pressée contre mon cœur telle une amulette sacrée

Je revois encore, à l'aube de ma mort et avec nostalgie, le village qui m'a vu grandir
Ses rues résonnant des éclats de rire des enfants
Je me souviens des yeux maquillés de khôl des femmes et de la beauté de leurs regards

Toi, mon pays tant aimé, tu resteras éternellement gravé dans ma chair
L' espérance ne m’abandonnera jamais
Moi, l'exilé, le déraciné, ne désire qu'une chose
Retourner vivre sur la terre de mes ancêtres

Toi, ma contrée bafouée, je te voue un amour indélébile et sans limites
Et garde, inscrit dans mon âme en lettres de feu
L' espoir de pouvoir, un jour, te retrouver

VIES VOLÉES

Des nattes noir de jais tombent gracieusement jusqu'à tes reins
Tes yeux sombres en amande révèlent l'insouciance de l'enfance
Tu aimes te recueillir dans les prairies dorées s'étendant à perte de vue
Un faucon s'envole fièrement, libre, sans attaches

Toi, l'Indienne des plaines, irradie d'innocence et de candeur
Tu ignores encore le danger qui rôde
Sournois, inévitable
Ton monde est voué à disparaître
Anéanti par la soif de pouvoir et la folie des hommes
Un loup solitaire et prophétique hurle de désespoir
Sonnant le glas de ton peuple

Alors profite, petite fille
De ces derniers instants de paix bénis
Laisse éclater ta joie de vivre une dernière fois
Savoure l'harmonie intacte et pure qui règne dans ton cœur
Communie une dernière fois avec le Grand Esprit
Et sache que ton âme et l'essence des tiens
Survivront à jamais dans nos mémoires.

LA FILLE DE LA LUNE

La lune, éprise de son rival, osa prier le soleil de l'aimer avec folie
De leur union naquit une fille
Elle avait hérité de la beauté spectrale de sa mère

Ses longs cheveux noirs contrastaient avec sa peau laiteuse, plus blanche qu'un lys
Ses yeux verts semblaient être le parfait reflet du jade le plus pur
Des bracelets d'argent enlaçaient ses bras tels des serpents
Elle montait un destrier plein d'ardeur, dont la robe sombre parsemée d'étoiles étincelait dans la nuit

Prisonnière de sa solitude
Elle scrutait l'horizon, désirant apercevoir le crépuscule
Seul instant où ses parents célestes se trouvaient enfin réunis
La fille de la lune laissait alors jaillir ses larmes
Espérant connaître, un jour, l'intensité et la fièvre incandescente de l'amour

REQUIEM POUR UN RAYON DE SOLEIL

Toi, Sunshine, mon rayon de soleil
Ce nom semblait fait pour toi
Jamais plus je ne te verrai, tel un lionceau plein d'énergie
Gambader parmi les herbes folles de notre jardin

Je n'entendrai plus avec plaisir ton doux ronronnement
Lorsque je t'offrais tes caresses préférées
Jamais plus je ne pourrai admirer ta démarche élégante si raffinée
Ni percevoir dans ton regard si translucide
La confiance et l'amour que tu me vouais
Lisant en toi comme dans un livre ouvert

Arraché trop tôt à la vie
J'espère que dans ton paradis, tu débordes toujours de gaieté et de joie
Et qu'une main bienveillante se pose avec tendresse sur ton pelage fauve
Repose en paix, petit enchanteur
Toi, le chat de mon cœur

ENCHANTEMENT

Par ce doux matin d'hiver
Je t'aperçois près de l'étang
Ton reflet rayonnant dans l'eau claire et translucide
Trouble ma solitude

Tu me laisses t'approcher
Mes mains vagabondent sur ta robe resplendissante comme neige au soleil
Émerveillée par tant de splendeur
Je ne peux cesser de te contempler et dépose un baiser sur ton cœur

Tes yeux de biche, telles deux perles noires
Possèdent la profondeur de la nuit
Soudain, tu t'enfuis au galop
Pleine de grâce et de légèreté
La crinière ondulant sauvagement sous le vent

Toi, la licorne, cheval des rêves, cheval des légendes
Apparition ensorcelante, intrigante
Tu bénis notre rencontre avec magie

ÉPHÉMÈRE

Ton regard embrase le ciel tel un soleil couchant
Des larmes de miel coulent sur tes joues
Ta peau d'Égyptienne se pare de soie blanche
Tu observes le crépuscule
Et aperçois des nuées de lanternes dorées dans le ciel mourant

La brise fait onduler tes cheveux noirs
Et des vagues bleues se dessinent au travers
Tu respires l'air tiède et fleuri de ce soir d'été
Allonge-toi dans l'herbe fraîche de ton paradis
Ferme tes paupières et invente un au-delà mystérieux et lumineux

Tu sais que tu vas mourir
Alors que tes mains tremblantes caressent une dernière fois cette nature sacrée
Tu rejoins les neiges éternelles
Et te fonds dans la roche sombre et froide

RÊVE D'ABSOLU

J'ai retrouvé, voilée par des ombres mouvantes, la femme au loup
Elle s'était évanouie dans mes songes en y déposant une mèche rousse
Et marche à présent sur le lac pétrifié du monde des rêves
Se parfumant d'ambroisie et d'essence de fleur d'oranger
Portant un collier de saphirs rivalisant de beauté avec l'azur du ciel

Elle joue, insouciante, avec de fragiles fragments d'étoiles filantes
Surprise de me revoir, elle m'adresse un sourire angélique
Son loup me reconnaît et vient se lover contre moi
M'offrant ainsi un amour profond et lumineux
Qui me plonge dans une plénitude suprême

Soudain, il pousse un hurlement déchirant
L' écho de sa plainte résonnant jusqu'aux confins de l'infini
Ses yeux perçants rencontrent les miens une dernière fois, tel un adieu
Sa maîtresse lui murmure un doux chant dans une langue qui leur appartient
Tout deux disparaissent alors dans une brume mystique et impénétrable
Gravant pour toujours leurs tendres empreintes dans mon âme en quête d'absolu

LA COMBATTANTE

Toi l'esclave, la gladiatrice
Tu auras défié la mort jusqu'à ton dernier souffle
Le glaive adverse vient de te porter le coup fatal
Cette fois, tu ne te relèveras pas

Alors défile sous tes yeux l'éternel combat que fut ton existence
Et les êtres chers depuis longtemps disparus
Tu sens à nouveau le parfum familier des prairies de ton enfance
Et reconnais le vieux chêne sous lequel tu as tant joué et tant aimé

Le désespoir qui t'a assaillie lorsque les ennemis ont détruit ton village ne s'est jamais éteint
Tu avais survécu mais tout perdu
Devenue esclave puis guerrière de l'arène
Ta vie n'aura été que survie

Entend une dernière fois la foule hurler dans les gradins du Colisée
Savoure la caresse du soleil ardent sur ta peau si froide
Déjà tes paupières se ferment à jamais
La liberté dont tu as tant rêvé t'est enfin accordée

Laisse-toi glisser paisiblement vers l'éternité
Et pour toujours rejoins les tiens dans l'autre monde
Un monde peuplé de rires, d'amour et de collines verdoyantes

LE ROYAUME

Au delà des contrées polaires, de l'infini de l'océan
Se trouve un royaume méconnu et sibyllin
Un royaume où le regard bleuté d'un tigre blanc vous hypnotise
Et où le chant subjuguant des sirènes audacieuses vous mène vers un plaisant délire
Deux cygnes paisibles, telles des ballerines, y dansent sur un lac pour se prouver leur amour

Un royaume où le parfum capiteux des roses devenues reines captive les sens
Les larmes gelées des spectres s'y confondent avec les perles nacrées
Un royaume où règnent les charmes sulfureux d'une magicienne
Les âmes fanées des déesses oubliées s'y évanouissent en silence
Et des chats sauvages aux yeux étincelants viennent y troubler vos pensées

Un royaume qui survit parmi les démons de l'inconscient
Et se mêle au mystère de nos rêves

DÉTRESSE ANGÉLIQUE

Le ciel d'hiver, ce soir, est constellé d'une poussière de diamant
Je me perds dans ton regard suppliant et tout devient limpide
Tel un ange en colère, tu luttes contre les tourments que t'inflige ton innocence

Un cri de souffrance déchirant s'échappe de ton cœur
Son écho se noyant dans l'immensité de la nuit
Souveraine tragique des espérances errantes et des blessures invisibles

Je dépose un doux baiser sur tes lèvres charnelles
Percevant le reflet d'un espoir furtif dans tes prunelles solaires
La lune nous fait alors don de son éclat opalin
Révélant ainsi la pureté de ta merveilleuse aura

LE SACRIFICE

Prisonnière de la glace, une déesse païenne implore en silence la clémence céleste
Elle a hérité de la beauté guerrière et sensuelle des femmes vikings
Sa chevelure blonde, tel un champ de blé doré, épouse avec grâce la courbe de ses épaules
Sa douce peau d'une blancheur virginale invite à la caresse

Les âmes en quête d'espoir déposent à ses pieds des offrandes d'où émane la délicieuse senteur de fleurs sacrées aux pétales satinés
Un homme brûlant d'amour pour cette divine captive lui dédie une rose enflammée que rien ne peut consumer
La délivrant ainsi de son écrin maudit pour lui offrir sa liberté tant désirée

Des éclairs jaillissent alors du ciel en feu, foudroyant sans hésiter l'infortuné sauveur pour avoir osé défier la volonté suprême

MARIE STUART

Tu es née sous l'étoile de la lutte éternelle
Dans cette Écosse brumeuse, sanglante
Une dangereuse couronne posée sur ton berceau
Ta jeunesse s'épanouit en terre de France tel un lys choyé et adoré
S'y mêlent avec candeur l'éblouissement et la promesse d'un avenir radieux

Mais ces années de bonheur s'évanouissent comme un rêve
Le cœur dévasté, tu jettes un dernier regard à ce pays tant chéri
Destinée à conquérir un royaume déchiré par les clans

Reine incomprise, reine incertaine
Seule la passion te guide à travers les méandres des puissances obscures
Une tempête déchaînée s'empare de tes sens
T'abandonnant à l'amour avec ivresse afin de mieux te perdre

L'adversité réveille en toi une force insoupçonnée, dévoilant une âme de roc
Qui jamais ne renonce à sa dignité royale
Tu te donnes à la mort sans trembler
Et offres ton cou délicat à la lame fatale
Embrassant ainsi ta destinée romanesque

Martyre selon certains, criminelle selon d'autres
Tu demeures pour toujours une énigme
Une héroïne fantasmée, une héroïne immortelle

LA REINE MARGOT

Une cascade de boucles brunes frôlent délicatement ton teint de porcelaine
Te dotant ainsi d'une beauté lunaire
Dans tes grands yeux noirs se lit sans fard une émouvante détresse mêlée à ta noblesse d'âme

Princesse sans repères, portant comme un fardeau trop cruel son mariage maudit
Auquel se sont conviés les fantômes des victimes de cette nuit macabre orchestrée par le diable

Vénérée et adulée telle une idole mystique par un admirateur dévoué
Tu t'éprends avec folie de cet homme loyal au charme ravageur
Liaison secrète, liaison défendue
Votre amour et vos étreintes n'en sont que plus intenses

Mais le malheur succède bientôt à l'extase
Les Parques détruisent sauvagement le fragile fil de ton amant
Livrant sans pitié à l'échafaud ce cœur innocent
Coupable seulement d'avoir su t'aimer

Brisant alors les chaînes maléfiques qui t'entravent
Tu fuis vers l'inconnu avec l'énergie du désespoir
Pour devenir, enfin, maîtresse de ton destin

À TOUT JAMAIS

Une part de mon être t'appartient corps et âme, unie par les liens du sang à ta tragédie, à ta force
Une part révoltée et blessée, plus fière qu'une lionne

Torturée, endeuillée par l'injustice et les outrages, tu résistes, inébranlable
Tu mérites qu'on rêve pour toi, qu'on hurle pour toi

Lorsque me saisi l'espoir de ta délivrance, de ta renaissance
Mon cœur s'emballe comme un cheval sauvage
Quand te verrai-je enfin libérée, toi, la perle de mes songes?

J'attends, impatiente de célébrer ton retour à la vie
Mais déjà les roses sacrifiées fleurissent de nouveau, plus insoumises que jamais
Je brandis alors l'étendard de la liberté, portée par un idéal rayonnant.

ENSORCELANTE

Sa grâce féline et ses troublants yeux pers lui confèrent un pouvoir vengeur
Cajolant amoureusement le pelage blanc de son familier aux miaulements mutins
Ses pensées dérivent vers d'étranges rivages
S'imprégnant de l'harmonie de la nature

Haïe par les femmes, désirée par les hommes
Elle se joue des interdits avec orgueil
Cultivant ses dons et talents avec patience
Virtuose des sortilèges versée dans l'art ancestral de la magie

Méfiante, elle préserve farouchement sa solitude face à la cruauté du monde
Invoquant telle une druidesse les forces souterraines rugissantes
Cette âme ensorcelante disparaît alors dans les profondeurs de la nuit rejoindre l'être aimé
Le seul ayant jamais su la comprendre

NAISSANCE D'UNE NYMPHE

De tes lèvres exquises comme dessinée par un peintre amoureux
Jaillissent des pétales de rose sucrés
Tu croques dans une prune savoureuse
Laissant tomber des gouttes pourpres sur ta peau diaphane, tel du sang sur la neige

Les plus vaporeuses Sylphides jalousent ta démarche aérienne si légère
Les feuilles écarlates de l'automne volent au gré d'une brise éphémère
Te priant de danser avec elles
De superbes orchidées chantent en s'inclinant sur ton passage

Fond toi dans l'essence exaltée des éléments éternels
Plonge tes mains dans la terre fertile et sereine
Pose tes pieds nus dans l'eau d'un ruisseau enchanté
Admire le feu émanant du regard brûlant des Salamandres
Inspire l'air embaumé de la délicate fragrance du jasmin
Laisse ton cœur vibrer et s'abandonner face à la majesté sacrée de la nature

LE PHOENIX

Une aventurière aux yeux de biche frémit devant l'océan en proie aux démons
Dont les vagues monstrueuses viennent mourir sur les rochers
Un corbeau la poursuit sans cesse
Messager silencieux d'une lugubre malédiction

Tentant d'échapper à la terrifiante spirale du spleen
Elle suit son instinct, galopant à perdre haleine, en osmose totale avec son loyal étalon
Et grave dans l'onyx ses craintes pétrifiées et ses rêves les plus intimes afin de conjurer le sort

Un faisceau de lumière transperce soudain son cœur palpitant
L' invitant à flâner parmi les roses blanches côtoyant la bruyère de l'hiver, perlées de rosée au goût de miel
Émerveillée, découvrant alors la quintessence mystérieuse et ineffable de la poésie
Cette âme désenchantée renaît enfin de ses cendres, tel le Phoenix.

ANNA KARÉNINE

Radieuse dans ta robe de bal noire laissant paraître le dessin parfait de tes épaules nacrées
Ton cœur souffre à chaque battement
Poignardé par le chaos de ta vie sans saveur

Un bel inconnu t'invite à danser
Et des étincelles surgissent alors dans vos regards langoureux
Vos âmes en communion, vos sens à l'unisson
La mer calme et gelée qui régnait en toi se transforme en tempête bouleversante

Te livrant, enfiévrée, à cette idylle salvatrice
Tu méprises les médisances, transgresses les règles avec courage
Piégée par un époux insipide sans remords
Une mélancolie insatiable et victorieuse te submerge

N'étant plus que l'ombre de toi-même, égarée, désemparée
Tu t'offres à la faucheuse, emportée et bercée par ce repos tant désiré
Métamorphosée par l'amour
Libérée par la mort

41

LOUP

Je devine ta silhouette furtive se mouvoir avec souplesse parmi le tendre feuillage de la taïga
Tu chantes chaque nuit tel un adorateur fervent
À la gloire de ton amante, reine des cieux

Ceux qui te craignent encore ne pourront jamais percer
Derrière tes beaux yeux d'ambre
Le reflet de l'ange blessé

La mémoire lacérée par la cruauté de l'homme
Tu m'approches d'un pas feutré et timide
Livrant ton être épris de liberté à la lumière

Vision magique, vision d'extase
Mon cœur bondit, mon cœur explose
Flamme de mes rêves les plus intenses
Apparition évanescente se perdant dans la splendeur de l'immensité sauvage

RÉBELLION

Monts et merveilles se reflètent dans le pur miroir de tes yeux
Laisse cette fine pluie d'or ruisseler sur ta peau frissonnante
Délecte-toi de ce bain de lune secret
Dont la clarté irisée enchante tes sens et apaise ton âme d'éternelle écorchée vive
L' astre brûlant te prodigue sa plus douce chaleur afin que disparaisse la lame de glace ravageant ton cœur

Une audacieuse rose bleue dépose avec joie sur tes lèvres avides d'amour sa sensuelle saveur bienfaisante
Un tendre papillon aux ailes azurées orne tel un saphir ta chevelure déployée dans toute sa splendeur

Pourfends les démons qui t'assaillent grâce à ta rage de vaincre
Renais, revis, ici et maintenant

UN CHEVAL NOMMÉ GLENN

Nos galopades enfiévrées m'enivrent et me ravissent comme au premier jour

M'imprégnant de l'incroyable essence de la liberté, promesse de délivrance

Que j'aime te voir t'épanouir dans ces prairies regorgeant d'herbes sauvages et de bruyère , sublimées par la fraîcheur de la lavande

Effleurant tendrement ton élégante robe bai dont le soleil ravive la brillance telle une étoffe moirée

Une brise clémente fait valser avec allégresse ton abondante crinière brune

Tes doux regards se font l'écho de ton innocence, de ton cœur d'or

Grâce à toi, j'ai décroché les étoiles les plus lointaines pour les sertir de mon âme

Tout cela grâce à toi, un joyau nommé Glenn

LA BULLE MAGIQUE

Des bougies aux flammes mouvantes, incrustées telles des gemmes sur un chandelier d'argent, effraient les ombres menaçantes

Éclairant d'une chaude lumière ma bulle magique

Des roses couleur rubis mêlées à de soyeuses fleurs de lys y trônent dans un vase de cristal

Exquises reines éphémères

J'y consulte un vieux grimoire aux pages parées d'enluminures mouvantes

Dont les courbes dorées et bleutées s'entrelacent sans répit Dans cette bulle, un prodigieux étalon m'offre les dons enfouis au plus profond de son être

M'emportant dans des galops infinis

Seuls les trésors des livres et de la poésie demeurent les dignes compagnons de ma bulle magique

Car seuls capables de panser les blessures infligées par le supplice de la solitude

HYMNE À LA NATURE

De ravissantes geishas serpentent telles des fées couronnées entre de charmeurs cerisiers en fleurs

Une cape de neige voluptueuse recouvre comme du velours les étendues sibériennes sans fin d'une pureté troublante

La mystérieuse Forêt-Noire, plongée dans la brume, offre un refuge privilégié aux elfes,

Dont la luminescente magie vous ensorcelle

Les vastes plaines sauvages de la Mongolie se font l'écrin des rêves illusoires de liberté totale

Un loup solitaire me fait le don secret de son regard pailleté

J'y lis le terrible souvenir gravé à jamais dans sa mémoire de la folie meurtrière de l'homme

Il pousse alors un hurlement flamboyant pour honorer la sagesse de la montagne vengeresse le protégeant avec la fureur d'une mère

La nature à l'agonie réclame sans cesse ses nymphes bien-aimées, afin que s'accomplissent leurs miracles tant espérés

JEANNE

Innocente entourée d'anges, dévouée à Dieu et d'une piété sans faille
Le destin te réservait une mission sans égale
Tu as renoncé à une vie paisible, à tes plus beaux printemps

Afin de sauver les tiens, de libérer les tiens
Leur rendant ainsi une espérance depuis longtemps évanouie et la foi
La blancheur céleste de ta bannière parsemée de lys dorés
Contraste violemment avec le tranchant sans pitié de ton épée

Symbole de loyauté et d'abnégation
Emblème du courage suprême
Trahie, abandonnée par les puissants
Ton sacrifice n'aura pas été vain
Ta renommée ne connaîtra ni les frontières ni les ravages du temps

Sublime martyre livrée en pleine fleur de l'âge à la mort
Pour toujours une légende auréolée de mystère
Transcendée par ses rêves
Immortalisée par les flammes

LA NOBLESSE DU CELTE

Toi, le Celte, tu fais parti de ce peuple méconnu, tapi dans l'ombre des souvenirs errant dans le brouillard
Vaillant guerrier à la fierté farouche, ton corps teint de bleu effraie et surprend les adversaires les plus redoutés
Les chevelures d'or de tes dieux brillent insolemment sous les rayons fulgurants du soleil

Le végétal et l'animal s'embrassent, se confondent dans cet art si séduisant qui n'appartient qu'aux tiens
La divine musique s'échappant des doigts habiles du barde, votre poète sacré, t'émeus jusqu'aux larmes

Toujours respectueux des anciens dont le savoir et les vertus ancestraux guident ta vie
Tu préfères t'incliner humblement devant l'élue de ton cœur palpitant comme les ailes folles d'un rossignol
Votre passion s'esquisse sans voile sur vos sourires mutins et vos clins d'œil furtifs
Car tu lui as promis la plus belle preuve d'amour, l'essence même de ton âme

MON AUVERGNE

Tes montagnes souveraines, repères des songes oubliés, épousent les nuages laiteux de ton ciel capricieux
Dévoilant ainsi ta force intacte, inaltérable
De belles vaches salers aux rustiques pelages roux paissent avidement l'herbe généreuse de tes prés

De purifiantes et vivifiantes cascades se révèlent comme des secrets au détour de tes sentiers hardis
Tes volcans, jadis plus brûlants qu'un désir inassouvi, reposent à présent silencieusement tels de majestueux sanctuaires
Les gentianes fantasques, les fougères et les joyeux pétales violets des digitales donnent à tes prairies les couleurs de la vie

Combien de fois n'ai-je pu retenir mon esprit vagabond s'évader, s'émerveiller lors de mes promenades dans tes forêts de sapins enneigées, si propices aux rêves...
Perle envoûtante et indomptée
Tout en toi, mon Auvergne, n'est que poésie

EUGÉNIE GRANDET

Ton âme à la pureté d'un bouton de rose naissant
Sage enfant dédaignée par un père avare aveuglé par son or
Tu ne trouves de réconfort qu'entre les bras aimants de ta chère mère, toutes deux soumises au despotisme de l'incontesté maître des lieux

Le trésor familial, enfermé à double tour, ne réchauffe l'âtre que lors des jours les plus glacials, les plus rudes de l'hiver
La vie frugale du foyer prônée par la tyrannique avarice paternel t'emprisonne, innocente sans recours
Dans une sphère aride dépourvue de bonheur

Une lumière jaillit soudain, illuminant ton pâle visage angélique
L' amour, le véritable amour, te transforme en une rose enfin éclose dont l'éclat se fait le rival du soleil
L' aimé, l'unique, te couvre de divins baisers
T'offrant ainsi une félicité que nul mot ne saurait décrire

Mais l'humble chevalier servant, plus pauvre qu'un mendiant
Se doit de partir tenter la fortune dans des pays lointains afin de pouvoir demander ta douce main
S'échangent alors des promesses pleines de volupté et de sentiments que rien ne viendra briser
Une ultime étreinte, un ultime adieu

Les années s'écoulent, semblables, sans gaieté, sans une lettre
Seul l'espoir te donne le courage de supporter l'intolérable attente
Mais le destin se plaît à contrarier les passions de jeunesse
L' homme que tu as connu n'est plus

Désormais fauve avide d'argent, de pouvoir
Devenu marquis par un mariage de convenance
Tu n'es plus pour lui qu'un simple souvenir

Désespérée, tes rêves anéantis, balayés telles les feuilles roussies de l'automne
Des larmes cristallines inondent tes beaux yeux gris perle, laissant ton cœur parler une dernière fois
Car celui-ci se referme déjà pour ne plus jamais s'ouvrir

LE CENTAURE AILÉ

Nous galopons tous deux, vagabonds épris de liberté, entre les arbres nus
Tes sabots foulant le tapis vermeil de feuilles mortes, les faisant virevolter comme des esprits sylvestres en effervescence

L' automne, pareil à un infini été indien, colore tel un vitrail la forêt de ses plus ardentes empreintes
Bénissant ainsi notre échappée belle digne d'un rêve éveillé
Fusion de deux solitaires, unis pour se révéler, s'accomplir, se respecter
Pour devenir centaure

Quel intense bonheur j'éprouve à t'avoir pour ami, pour complice, pour allié
Car l'amour infaillible qui nous lie est le plus précieux présent que la destinée pouvait m'offrir
Déploie tes ailes, et envolons-nous vers les cieux

LE DRAGON CELTIQUE

Terre de légendes aux âpres tourbières
La nature y est reine, la comblant de pâturages abondants et fertiles dont raffolent tant les troupeaux
Y dessinant des collines d'émeraude qui caressent sauvagement le regard
Et laisse jaillir de timides touffes d'herbe entre les croix à la beauté grave des anciens cimetières

Berceau d'un peuple rebelle que les cruelles souffrances du passé ont forgé à l'image de leur contrée
Fière, combative, chaleureuse
Ne devant son salut qu'à son seul courage

Tel un papillon s'échappant de sa chrysalide
Ce peuple débordant de vie prend en main son destin sans se retourner, prêt à reconquérir l'avenir

Les luxuriantes chevelures rousses des femmes se libèrent enfin, magnifiées par le souffle du vent
Le dragon celtique crache des flammes impétueuses et s'envole, plus éblouissant que jamais

ÉTERNEL VERSAILLES

Dans l'intimité des bosquets, des fontaines aux eaux exubérantes
Le roi Soleil se fait comédien, murmurant mille vers à l'oreille charmée des dames convoitées
Dames qui, telles des fleurs avides de soleil, songent déjà à la faveur royale

Une fougueuse panthère à la répartie cinglante, belle et téméraire comme une Diane chasseresse
Possède le souverain pour empire

Écrin délicat mêlant l'or à la lumière, la Galerie des Glaces admire son monarque, prodigieux danseur, laisser ses pas l'emporter dans de gracieuses arabesques
Mais la passion s'étiole, chandelle vacillante à la flamme destructrice
Car l'astre aspire désormais à la rédemption, à une renaissance

Captivé par le feu jaillissant des yeux noirs d'une colombe
Ému par sa tendresse, la pure douceur de son cœur
Deux êtres que liera un amour sincère, loyal, plus imprenable qu'une forteresse
Seule la mort les séparera pour mieux les réunir

Temple incontesté de la magnificence
Reflet séducteur d'un être solaire lancé à corps perdu dans une quête insatiable de beauté, de pouvoir, d'absolu
Château mythique dont l'aura d'une puissance éternelle ne cessera jamais d'émerveiller, de faire rêver
Tel est Versailles

Printed by Books on Demand GmbH, Norderstedt / Germany